Pranayama Yoga für Anfänger

Mit bewussten Atemübungen und Atemtechniken zu mehr Entspannung, weniger Stress und größerem Wohlbefinden im Alltag - inkl. Praxisanleitung

Sophie Pipetz

INHALT

Das erwartet Sie in diesem Buch

Schon wieder geht ein stressiger Tag zu Ende und die Aussicht, dass dieser Stress am nächsten Tag weitergeht, lässt Sie nicht schlafen? Sie fühlen sich matt, ausgelaugt und energielos und leiden Sie an innerer Ruhelosigkeit? Sie wollen so nicht weitermachen, wissen aber um keine Möglichkeit zur Veränderung? Sind Sie im wahrsten Sinne des Wortes körperlich und geistig außer Atem? In diesem Fall haben Sie die richtige Entscheidung getroffen, nach Lösungen zu suchen und sich für dieses Buch zu entscheiden. Auch, wenn Ihnen Ihre Situation ausweglos erscheinen mag, es gibt ein Licht am Ende des Tunnels. Nicht ohne Grund gehören besonders Stress und Burn-out zu den Volkskrankheiten unserer Zeit. Doch nur, weil es viele betrifft, bedeutet dies nicht, dass jeder es dulden muss. Besonders in unserer heutigen Welt gibt es zahlreiche Möglichkeiten und Informationsquellen, um aus verschiedenen Kulturen oder aber der Vergangenheit zu lernen, diesem Hamsterrad zu entfliehen und zu einem bewussteren und erfüllteren Leben zu gelangen.

In diesem Buch werden Sie nicht nur, vielleicht zum ersten Mal, mit Pranayama Yoga in Kontakt kommen, sondern auch erfahren, was es mit dieser Technik auf sich hat und warum sie gerade heute so von Bedeutung ist. Zunächst gilt es, die Zusammenhänge zwischen Körper und Geist, Atmung und Bewusstsein kennenzulernen und zu verstehen. Hiermit wagen Sie den ersten wichtigen Schritt in Richtung eines bewussteren Lebens mit positiver Energie. Sobald Sie sich mit den umfassenden Hintergründen erst einmal vertraut gemacht haben, wird es Ihnen gelingen, mithilfe der vielfältigen Übungsanleitungen die für Sie passenden Techniken zu erlernen und in Ihren Alltag zu integrieren – für einen längeren Atem, selbst in schwierigen Situationen.

Das ist Pranayama Yoga

WAS BEDEUTET PRANAYAMA?

Noch bevor Sie mit den verschiedenen Techniken beginnen können, gilt es, sich dem Hintergrund des Pranayama zu widmen und zu verstehen, welchen Zweck dieser Teil des Yogas erfüllt.

Pranayama bildet das vierte Glied des Raja Yogas und beschreibt, wie durch Atemübungen Körper und Geist verbunden werden. Vormalig hieß diese Art des Yoga „Prana-Yama". Die zwei Bausteine, aus denen dieses Wort besteht, beschreiben in ihrer Übersetzung bereits, was Pranayama bedeutet. Das im Yoga oft verwendete Wort „Prana" steht übersetzt für Lebensenergie. Diese Energie wird auch Qi genannt und sie durchströmt, wenn Körper und Geist im Einklang sind, den gesamten Körper. „Yama" wiederum wird mit Hemmung oder auch (Selbst-)Beherrschung übersetzt. Ausgehend von der Wortherkunft beschreibt Pranayama demnach das bewusste Vertiefen der Atmung und die Regulierung desselben. Ein- und Ausatmung sowie die Atempause werden in der Praxis in ein bestimmtes Verhältnis zueinander gesetzt und je nach Übung und Ziel unterschiedlich gewichtet. Durch die Besinnung auf den Atem, seine bewusste Ausführung und dessen Kontrolle gilt das Pranayama als eine Vorstufe zur Meditation.

WELCHEN SINN STREBT DAS PRANAYAMA AN?

Der Körper soll mit mehr Prana, also Lebensenergie, versorgt werden. Durch die bewusste Durchführung von Pranayama Yoga soll es gelingen, seinem Körper mehr von dieser Energie zur Verfügung zu stellen beziehungsweise die im Körper schlummernde Energie zu aktivieren. Der Träger dieser Lebensenergie ist die Atmung. Sie muss ohne Hindernisse fließen können. Diese Zirkulation, die angeregt wird, findet laut Yogis in den feinstofflichen Kanälen des Körpers statt, die sie „Nadis" nennen. Es gilt daher auch, diese Kanäle zu reinigen, um Hindernisse zu beseitigen, die der fließenden Energie im Weg stehen. Durch diese Zirkulation wirken Körper und Geist, Atmung und Bewusstsein zusammen und befreien sich quasi gegenseitig von störenden Blockaden, verhelfen zu mehr Frieden und Harmonie. Außerdem verhelfen sie dazu, die Energie durch den gesamten Organismus zu transportieren. Richtig eingesetzt, können die Techniken des kontrollierten Atmens die Vorgänge des Bewusstseins beeinflussen. Traditionell wird dem Pranayama im Yoga eine große Bedeutung zugesprochen. Durch die Verbindung von Körper und Geist durch diese gezielte, kontrollierte Atmung kann Pranayama als eine der ältesten Formen der Atemtherapie bezeichnet werden.

„Breath is the king of mind."
– B. K. S. Iyengar, Light on Yoga

WARUM SOLLTEN SIE PRANAYAMA AUSÜBEN?

Um diese Frage zu beantworten, möchte ich eine kleine Begebenheit mit Ihnen teilen. Swami Sivananda, ein südindischer Arzt, Yogin und spiritueller Meister, wurde einmal von einem Besucher gefragt: „Meister, du hast doch so viel zu tun, warum verbringst du dann eine Stunde am Tag mit Pranayama?" Swami Sivananda antwortete nur: „Deshalb".

Diese Geschichte beweist auf der einen Seite, dass auch große Yogameister die Techniken und Wirkungen des Pranayama zu schätzen und zu achten wissen, und sich in dieser Form der Atemkontrolle üben. Auf der anderen Seite wird mit dieser Gegebenheit eine weitere, wichtige Sache deutlich: Niemand hat zu wenig Zeit für Pranayama. Im Gegenteil! Wenn Sie zu viel zu tun haben, Ihr Kopf vor lauter Aufgaben schwirrt und Sie kaum zur Ruhe kommen, gerade dann ist es Zeit für Pranayama. Um Ihre Aufgaben bewältigen zu können, brauchen Sie alles Prana, Sie benötigen Ihre ganze Lebensenergie. Pranayama auszuüben bedeutet, die eigene Energie in

Schwingung zu versetzen und möglichst viel Prana zu mobilisieren, um viel zu bewirken und die täglichen Aufgaben zu bewältigen.

Stress, viele Aufgaben und Erledigungen sind nicht der Grund, kein Pranayama zu üben. Im Gegenteil! Wenn Sie scheinbar keine Zeit haben, ist genau das der Anlass, mit Pranayama zu beginnen!

Warum kontrollierte Atmung so wichtig ist

WIE FUNKTIONIERT UNSERE ATMUNG?

In den meisten Fällen schenkt kaum jemand der Atmung die Aufmerksamkeit, die sie verdient. Klar ist, dass es die Atmung ist, die uns am Leben hält, denn sie versorgt uns mit Sauerstoff. Dennoch wird diese lebenswichtige Funktion oft zu einer unbewussten Handlung, das Atmen läuft automatisch ab. Vielen ist dadurch nicht mal mehr bewusst, ob sie durch die Nase oder den Mund, in den Brustkorb oder den Bauch atmen.

Grob gesagt wird beim Atmen Umgebungsluft durch Mund oder Nase aufgenommen, die zunächst in die Luftröhre und schließlich in die Lunge gelangt. Diese dehnt sich beim Einatmen aus und füllt sich mit Luft. Mit ihren Bronchien und Lungenbläschen ist es die Lunge, die den Austausch der Gase bestimmt. Der Sauerstoff aus der eingeatmeten Luft wird für die Versorgung des Körpers, seiner Organe, Zellen und Gefäße vom Blut aufgenommen und transportiert. Bei diesen Vorgängen des Stoffwechsels fällt Kohlendioxid als Abfallprodukt an. Der Körper braucht es nicht und gibt es über die Ausatmung wieder an die Umgebung ab, indem beim Ausatmen die Atemmuskulatur entspannt wird.

ATMUNG IST MUSKELARBEIT

Aufgrund der Automatisierung dieser komplexen Vorgänge gerät oft in Vergessenheit, wie viele Muskeln an der Atmung beteiligt sind. Häufig erscheinen die Atmung und die mit ihr zusammenhängenden Prozesse vernachlässigbar und mühelos zu sein. In Wahrheit sind es jedoch zahlreiche anatomische Gegebenheiten, die im Zusammenspiel mit verschiedenen Muskelgruppen dafür sorgen, dass wir Luft holen können.

Damit sich der Brustkorb beim Einatmen hebt und somit der Lunge Platz zur Ausdehnung bietet, wirken das Zwerchfell und die Zwischenrippenmuskulatur. Das zusätzliche Zusammenziehen des Zwerchfells ermöglicht zudem eine Ausdehnung der Lunge nach unten. So bietet sich ihr viel Raum, um eine möglichst große Menge an Luft aufzunehmen und zu verarbeiten. Als Abgrenzung des Bauchraums vom Brustraum bedingt das Zwerchfell circa achtzig Prozent des gesamten Atemvolumens bei richtiger Atmung. Darüber hinaus wirken auch das Lungenfell, welches beide Lungenflügel umgibt, und das Rippenfell an der Atmung mit. Das Rippenfell befindet sich auf der Innenseite von Brustkorb und Zwerchfell. Ein schmaler, mit Flüssigkeit ausgefüllter und wie verklebter Spalt befindet sich zwischen diesen beiden Muskelgruppen und bewirkt die für die Atmung notwendige Erzeugung von Druck und Unterdruck. Mit dem Heben des Brustkorbs beim Einatmen entsteht ein Unterdruck, da das Brustfell das

Lungenfell mit zieht. Dieser Unterdruck saugt die Luft ein, die in der Lunge für den Gasaustausch gebraucht wird. Beim Ausatmen und der damit einhergehenden Entspannung der Muskulatur wird die gefilterte Luft aus der Lunge heraus gepresst.

Betrachtet man die beschriebenen, physiologischen Vorgänge beim Atmen, lassen sich drei Arten unterscheiden. Die Primäratmung beschreibt dabei die Bauchatmung. Sie wird auch Zwerchfellatmung genannt, denn diese Muskelgruppe ist hier maßgeblich beteiligt. Die Bauchatmung ist tief, schafft ein großes Atemvolumen und wird im Yoga üblicherweise angewendet. Die Sekundäratmung beschreibt die Brustatmung. Da hier das Zwerchfell weniger benutzt wird, ist sie etwas flacher und schöpft nicht das vorhandene Volumen aus. Nur die Tertiäratmung arbeitet mit noch weniger Atemvolumen. Die sogenannte Schlüsselbeinatmung findet im oberen Teil des Brustkorbes statt.

Im Idealfall begrenzt sich die Atmung nicht nur auf den Brustkorb, denn so würde nur ein Teil des vorhandenen Lungenvolumens ausgeschöpft werden. Für die beschriebene Beteiligung des

Zwerchfells und das damit verbundene Erreichen eines gesunden Atemvolumens ist auch die Bauchatmung von großer Besonderheit. Ihr wird im Yoga daher auch eine wichtige Rolle zugeschrieben.

WAS BEWIRKT DIE RICHTIGE ATMUNG IM KÖRPER?

Eine tiefere, bewusstere Atmung bewirkt, dass die Körperzellen effektiver mit Sauerstoff versorgt werden. Durch die beschriebenen Vorgänge beim Atmen wirkt sich eine ausreichende Sauerstoffversorgung gleichzeitig auch positiv auf die Organe und den Hormonhaushalt aus. Vor allem eine feine und langsame Atmung führt dazu, dass die Luftströme in den Atemwegen und Bronchien möglichst reibungslos ablaufen und somit den Gasaustausch in der Lunge optimieren. Dabei wird nicht nur im Yoga empfohlen, vorwiegend durch die Nase zu atmen, denn durch diese Art der Atmung wird der Atem automatisch langsamer und feiner. Yogis sagen:

„Die Nase nimmt das Prana aus der Luft auf."

Nicht nur im Yoga wurden diese Zusammenhänge entdeckt, sondern auch die Wissenschaft hat dies bereits bestätigt. Indem wir durch die Nase atmen, fungiert diese wie ein Filter. Beim Einatmen reinigt dieser Filter die aufgenommene Luft von Fremdkörpern, temperiert sie und sorgt zudem für eine Befeuchtung der Atemluft. Sogar für den Geruchssinn spielt die Nasenatmung eine wichtige Rolle, denn sie stimuliert ihn. Studien haben ergeben, dass die Nasenatmung eine etwa zehn bis fünfzehn Prozent höhere Sauerstoffsättigung des Blutes zur Folge hat. Darüber hinaus ist die Nasenatmung essenziell für einen weiteren Prozess, der für die Vorgänge im Körper und für unsere Psyche von großer Wichtigkeit ist. Indem die Umgebungsluft durch die Nase aufgenommen wird, bildet sich in den Nasennebenhöhlen Stickstoffmonoxid. Gemeinsam mit der eingeatmeten Luft wird es zur Lunge transportiert. Eine effektive Versorgung mit Stickstoffmonoxid hat vielfältige Vorteile, denn sie bewirkt nicht nur die Verbesserung von Verdauung und Nervensystem, sondern auch eine Förderung des Gehirns und des Immunsystems. Des Weiteren wirkt Stickstoffmonoxid gefäßerweiternd, senkt nachts den Blutdruck und ist essenziell für die Übertragung von Nervenimpulsen.

Damit zeigt sich, dass die Atmung nicht nur für das Überleben wichtig ist, sondern auch, dass sie einen entscheidenden und nicht zu missachtenden Einfluss darauf hat, wie wir überleben.

Der Einfluss des Pranayama

REICHT TIEFES EINATMEN?

Zuerst einmal ist es unerlässlich, dass Sie sich im Klaren darüber sind, wie wichtig die tiefe Bauchatmung ist und warum Sie durch die Nase einatmen sollten. Auch Verständnis für die Vorgänge während des Atmens schafft eine gute Grundlage für die folgenden Kapitel. Hier knüpfen nun das Yoga und insbesondere das Pranayama Yoga mit verschiedenen Atemtechniken an. Die Anwendung der richtigen Atemtechnik, also der Technik, die für die jeweilige Situation oder das zu erreichende Ziel am geeignetsten ist, setzt auch die Kontrolle des Atems voraus. Im

Yoga wird dies als die entscheidende Art und Weise angesehen, um nicht nur den Körper, sondern auch den Geist gesund zu erhalten. Yogische Atemtechniken verhelfen nicht nur zu mehr Bewusstsein dieses Vorgangs, sondern haben auch viele weitere Vorteile. Sie können physische und psychische Energieblockaden lösen, damit das Prana, nämlich die Lebensenergie, ungehindert fließen kann. Vor allem das lange Ausatmen bewirkt zudem die Beruhigung des Nervensystems. Leiden Sie beispielsweise unter Stress, Schlafstörungen oder einem hohen Blutdruck, kann bereits diese Technik hilfreich sein.

Tipp: Wenn Sie das Gefühl haben, dass zu viel auf Sie einströmt, Sie einer Sache nicht gewachsen sind oder Sie keine Ruhe finden, dann nehmen Sie sich kurz Zeit. Schließen Sie einen Moment die Augen, atmen Sie bewusst in den Bauch und durch die Nase ein und dann lange durch den Mund aus. Vielleicht hilft es Ihnen, hierbei auch zu seufzen. Lassen Sie los, was Sie bedrückt und belastet, senden Sie es mit der ausgeatmeten Luft weg, befreien Sie sich von dem, was Sie belastet. Manchmal

> kann schon ein tiefes Ausatmen hilfreich sein.
> Probieren Sie es aus!

Ebenso kann es über eine tiefe Atmung gelingen, unangenehme und bedrückende Emotionen loszulassen und somit nicht nur mehr Klarheit, sondern auch inneren Frieden zu finden. Eine tiefe, bewusste Atmung ist damit essenziell wichtig – auch ohne Yoga. Im Pranayama wird dem jedoch die Kontrolle hinzugefügt, die unabdingbar ist, um Körper und Geist gesund zu erhalten.

AUF DIE TECHNIK KOMMT ES AN

Zur Art und Weise der Atmung und wo sie stattfindet, gesellt sich durch das Pranayama Yoga auch eine spezifische Technik. Insgesamt existieren über fünfzig verschiedene Pranayama-Techniken, durch deren Ausübung Fluss, Tiefe der Atmung, die angesprochenen Muskelgruppen sowie Geschwindigkeit und Dauer kontrolliert werden. Je nach Situation oder beeinflusst durch das Problem, welches gelöst werden soll, können Sie hier also aus einer großen Bandbreite an Techniken auswählen und von ihren positiven Wirkungen profitieren. Bekannt sind hier vor allem die Wechselatmung (Anuloma Viloma Pranayama), der Feueratem (Kapalabhati Pranayama), die gleichmäßige Atmung (Sama Vritti Pranayama) und die einseitige Ein- und Ausatmung (Surya Bhedana Pranayama und Chandra Bhedana Pranayama). Die Techniken kontrollieren die Art der Einatmung, ihre Tiefe, ihre Länge und die Ausführung der Ausatmung. Sie stellen ein bestimmtes Verhältnis zwischen den Bestandteilen des Atems her, nämlich zwischen Einatmung, Ausatmung und Atempause.

WELCHE EFFEKTE HAT DIE PRAXIS VON PRANAYAMA?

Bereits das tiefe und bewusste Atmen hält vielfältige Vorteile bereit. Fügen Sie nun dieser Atmung durch die Techniken im Pranayama noch Kontrolle hinzu, ergeben sich für Sie weitere Möglichkeiten für positive Veränderungen und Entwicklungen für Körper und Geist, denn mit etwas Übung im Einsetzen und Anwenden dieser Techniken werden die vielmals unbewussten, aber ungesunden Atemmuster ersetzt. Was zuvor schon zur nachteiligen Gewohnheit geworden ist, kann auf diesem Wege durch ein neues Bewusstsein verändert werden und sich dadurch nachhaltig auf Lebensweise, Empfindungen und Gesundheit auswirken.

In der praktischen Ausübung ist diese neu entdeckte Sensibilität für die inneren Vorgänge des Atmens bereits das erste Ergebnis einer erfolgreichen Übung. Auf eine sensible und sanfte Art und Weise macht die Übungspraxis den Organismus empfänglich dafür, eingefahrene Muster für Veränderungen zugänglich zu machen. Dies ist ein so wichtiger Schritt, da die unbewussten Atemmuster eine enge Verflechtung zu unbewussten Mustern in der Psyche pflegen. Atmung und Emotionalität sowie auch ihre jeweiligen eingeprägten Muster haben eine Verbindung. Schenkt man der Atmung nicht nur mehr, sondern auch eine sensibilisierte Aufmerksamkeit, verlieren erlernte Muster ihre Zwanghaftigkeit auch in Bezug auf die Emotionalität.

Die Atmungspraxis verbindet Physis und Psyche. So funktioniert die Verbindung auch andersherum, denn Emotionen und Gefühle beeinflussen wiederum auch die Atmung und lassen sich körperlich an Atmung und Muskulatur nachweisen. Angst zum Beispiel bedingt automatisch und unterbewusst eine flachere und schnellere Atmung. Wenn Sie sich erschrecken, atmen Sie in der Regel plötzlich unwillkürlich ein oder halten die Luft sogar an.

> „Schmerz, Depression, Nervosität und unregelmäßige Atmung sind die Symptome eines zerstreuten Geistes." – Kapitel I, Sutra 31

Erkennt man diese Relationen und die Einflüsse innerhalb des Körpers in Zusammenhang mit der Psyche, ist es kaum verwunderlich, dass Studien zu dem Ergebnis gekommen sind, dass Pranayama in regelmäßiger Ausübung eine positive Wirkung bei Stress und auch Angststörungen haben kann. Die Atemkontrolle kann den Geist zur Konzentration und damit zu mehr Ruhe und Klarheit bringen (Kapitel I, Sutra 34). Die Atmung zu beherrschen, bedeutet auch die Kontrolle über das Prana. Die Lebensenergie, die im Alltag mit Sorgen, Nöten, Ruhelosigkeit und Stress oftmals verschwunden scheint, kann durch die Atemtechniken in Schwingung versetzt werden. Wer also die sogenannte äußere Atmung zu kontrollieren lernt, der gewinnt ebenso die Fähigkeit, diese innere vitale Kraft zu steuern und zu regulieren (Sivananda). Dies führt dann schließlich dazu, dass Sie wieder mehr Energie und Motivation verspüren sowie mehr Freude bei Ihren Aufgaben empfinden.

Pranayama wirkt immer gleichsam auf Körper und Geist. Beide gehören zusammen und beeinflussen sich im Yoga gegenseitig. Losgelöst davon zeigen viele Studien auch weitere positive Effekte von regelmäßigen Pranayama Übungen allein auf der physischen Ebene. So wurde festgestellt, dass Puls und Blutdruck gesenkt werden können, die Aktivität des Parasympathikus, also des Ruhenervs, gesteigert werden kann, und dass ein verringerter Sauerstoffbedarf besteht.

WAS SAGEN STUDIEN ZUR WIRKSAMKEIT VON PRANAYAMA?

Pranayama wirkt positiv! Das wurde in der Tat in einigen Studien bewiesen, die sich mit unterschiedlichen Bereichen des Körpers, in denen die Atemkontrolle wirkt, beschäftigt haben. Die

Studien teilen sich in die Erforschung der Wirkung von Atemübungen und Atemkontrolle auf den Körper und die Psyche und gehen dabei darüber hinaus, wie sich beispielsweise Blutdruck und Puls durch die kontrollierte Atmung verändern können.

So haben es sich Forschende aus Schweden und Norwegen bereits im Jahr 2007 zur Aufgabe gemacht, herauszufinden und zu ergründen, inwiefern yogische Atemübungen das allgemeine Wohlbefinden wirklich steigern können. Hierfür gab es zwei Gruppen, von denen eine über eine bestimmte Zeit ein Atemübungsprogramm absolvierte, während die andere Gruppe dies nicht tat. Die Ergebnisse zeigten schließlich, dass Gefühle von Angst, Stress und Depression bei der Gruppe, die die Atemübungen durchführte, deutlich gesunken waren. Diese Ergebnisse ließen sich nicht nur messen, sondern auch das subjektive Empfinden der Probanden bestätigte diese Ergebnisse. Sie fühlten sich optimistischer und wohler durch die Ausübung von Pranayama.

Zwei Jahre später im Jahr 2009 ergründeten Forscher aus Italien den Zusammenhang von Zwerchfellatmung und Stressreduktion.

Zwerchfellatmung ist unter anderem im Pranayama ein wichtiger Bestandteil, denn im Yoga ist die Wichtigkeit der tiefen Bauchatmung schon seit jeher von großer Bedeutung. Die Studie bewies nun auch auf wissenschaftlicher Ebene, dass die korrekte Zwerchfellatmung zu einer reduzierten Ausschüttung von oxidativem Stress beiträgt. In der Studie zeigte ich zudem, dass Athleten mit anstrengendem Training durch diese Atemtechniken vor schädlichen Langzeitwirkungen durch freie Radikale besser geschützt waren. Zwerchfellatmung führte zu mehr Entspannung nicht nur bei Athleten, sondern auch den übrigen Probanden.

Neben dem Umgang mit Angst und Stress sowie der Herstellung von Entspannung, auch nach dem Sport, widmeten sich verschiedene Studien auch der Auswirkung von Pranayama auf die Lunge. Hier ging es vor allem um Atemübungen bei Patienten mit chronisch obstruktiven Lungenerkrankungen (COPD). Eine kurzfristige, positive Wirkung wurde hierbei bereits nachgewiesen. 2012 untersuchten australische Forscher allerdings genauer, wie gezielt Atemtechniken bei COPD eingesetzt werden können, etwa bei

Atemnot und in Bezug auf Leistungsfähigkeit und Wohlbefinden. Dabei stellte sich heraus, dass die regelmäßige Praxis von Atemübungen und das Erlernen der Atemkontrolle in der Tat einen positiven Einfluss vor allem auf die Leistungsfähigkeit hatten. Für den Nachweis der Auswirkungen auf die gesamte Lebensqualität der COPD Patienten wären weitere Studien notwendig. Doch schon so zeigte sich, dass Pranayama hilfreich und unterstützend sein kann.

Atemübungen werden global bereits häufig und mittlerweile immer mehr bei der Behandlung von Asthmatikern eingesetzt. Im Jahr 2013 setzten sich Forscher aus Brasilien und England getrennt voneinander an die Analyse dieser Praxis. Nach vielfältigen Forschungen und Untersuchungen stellte sich heraus, dass die gezielte Anwendung von Atemtechniken und bestimmten Übungen bei Asthmatikern zu einer verbesserten Lebensqualität beitrug. Akute Beschwerden und Atemverschlimmerungen gingen zurück. Um hier ein noch umfassenderes wissenschaftliches Wirkungsbild aufstellen zu können, inwiefern Pranayama Asthmatikern noch weiterhilft, müssten weitere

Studien durchgeführt werden, doch schon so lässt sie die Wirksamkeit auch wissenschaftlich belegen.

Die unterschiedlichen Studien haben auch im wissenschaftlichen Kontext gezeigt, welchen positiven Einfluss Pranayama auf körperlicher Ebene, insbesondere auf die Lunge und das allgemeine Wohlbefinden, hat. Doch Sie haben bereits gelernt, dass Pranayama Körper und Geist verbindet. Die Atemkontrolle wirkt nicht nur auf den Körper, denn zwischen Physis und Psyche besteht eine Verbindung. Andere Studien beleuchten daher auch die geistige, psychische Ebene.

Verschiedene Studien haben sich, vor allem von 2012 bis 2014, mit dem Zusammenhang von Stress, Angst und Atmung beschäftigt. Schon im Vorhinein war klar, dass Menschen in Stresssituationen anders atmen, die Atmung wird flacher. Wie wir in stressigen Situationen atmen, hat große Auswirkungen darauf, wie der Stress auf uns wirkt. Wer trotz Stress oder Angst tiefer atmet, kann sich selbst besser beruhigen. Auch in Bezug auf posttraumatische Belastungsstörungen zeigten Studien, dass tägliches und langsames Atmen die belastenden Symptome von Angst reduzieren kann. Weitere Studien untersuchten die Wirkung von Pranayama bei Lampenfieber, denn auch hier steht die betroffene Person unter einem hohen Stresslevel, ist angespannt und empfindet vielleicht auch Angst. Die Atmung geht in diesem Fall in der Regel flach und schnell. Das bewusste, kontrollierte und langsame Atmen bewies sich innerhalb der Studie als wertvoll und hilfreich, die durch das Lampenfieber entstehende, nervliche Belastung gelassener zu nehmen und den empfundenen Stress abzubauen.

Immer mehr Menschen sind von Stress und Burn-out betroffen und leiden an den weiteren damit einhergehenden Auswirkungen wie Schlafstörungen und Ruhelosigkeit. Gleichzeitig liegt eine alternative Behandlung dieser Probleme im Trend. Zu diesen Alternativen zählt auch die Atemtherapie, die in einer Wirksamkeitsstudie genauer überprüft wurden. Dabei ging es besonders um die Hilfe zur Selbsthilfe bei Stress und Burn-out im Lehrerberuf, genauer gesagt um die Prävention dieser psychischen Probleme. Nach der Auswertung der Studie wurden deutliche Verbesserungen befunden. Es zeigte sich eine Optimierung der Distanzierungsfähigkeit und des Erfolgserlebens im

Beruf. Innere Ruhe und auch Ausgeglichenheit wurden durch die Atemübungen gestärkt, die Lebenszufriedenheit nahm zu und die Teilnehmer erlebten mehr soziale Unterstützung. Dagegen reduzierten sich Verausgabungsbereitschaft, Perfektionismus und Resignation.

Auch bei Depressionen können Atemtechniken aus dem Yoga unterstützend wirken. Die Probanden hatten hier gemeinsam, dass mehrwöchige, medikamentöse Behandlungen ihnen nicht halfen. Für die Studie nahmen sie an einem Yogaprogramm teil, welches sich vor allem mit dem Thema Atmung auseinandersetzte und Pranayama-Techniken vermittelte. Obwohl Medikamente zuvor nichts bewirkt hatten, zeigte die Praxis von Atemübungen tatsächlich eine erhebliche Verbesserung der Psyche. Auch in Bezug auf Depressionen zeigt sich diese Therapiemethode als vielversprechend und potenziell sogar effektiver als die Behandlung mit Medikamenten.

Stress, Burn-out und Depressionen nehmen immer mehr zu und auch Schlafstörungen gehören für viele Menschen zum Alltag. Für die Bewältigung von Stress ist Erholung jedoch wichtig. Viele Techniken des Pranayama stützen sich darauf, dass die Ausatmung doppelt so lange dauert wie das Einatmen. Eine Studie fand heraus, dass sich diese Form der langsamen Atmung positiv auf das Gleichgewicht sowie das vegetative Nervensystem des Körpers auswirkt. Die Besinnung auf das Zählen der Atemzüge beugt stressigen und rasenden Gedanken vor und kann damit auch beim Einschlafen helfen.

Auch die Wirkungen von Pranayama auf die Psyche zeigen sich so wissenschaftlich bestätigt. Atemübungen sind damit sowohl präventiv als auch zum Einsatz in Akutsituationen hilfreich. Darüber hinaus haben alle Studien bewiesen, dass auch die jeweiligen Probanden eine Änderung feststellen konnten und sich besser und wohler fühlten. Auch dieser Effekt ist sehr wichtig, denn selbst bei messbaren und wissenschaftlich bewiesenen Verbesserungen sind es letztendlich die eigene Empfindung und das subjektive Erleben, die den großen Unterschied im Einfluss auf das tägliche Leben, Stresssituationen oder bei anderen Problemen ausmachen. Wenn Sie sich wirklich gut fühlen, dann geht es Ihnen auch gut, Sie fühlen sich wohl und fähig dazu, alles zu schaffen. Und

das auch, wenn dieses Gefühl nicht wissenschaftlich messbar sein sollte.

Pranayama im Alltag

WORAUF ES ANKOMMT

Ehe Sie sich nun an die Praxis und das Üben von Pranayama-Techniken wagen, gibt es noch einige wichtige Dinge zu beachten. Sie sollten nichts forcieren. Im Yoga geht es nicht darum, zu gewinnen, besser zu sein als andere oder einen Wettbewerb hervorzurufen. Statt dieses Strebens nach sichtbarem Erfolg, welches den meisten von uns als Teil der heutigen Leistungsgesellschaft vertraut scheint, geht es im Yoga, und damit auch beim Pranayama, um die spirituelle Qualität. Statt sich zu bemühen, auf jeden Fall die perfekte Stellung einzunehmen, sollten Sie darauf achten, wie es Ihnen dabei geht. Spüren und hören Sie in sich hinein. Lassen Sie die belastenden Gedanken los und finden Sie zu Ihrer inneren Mitte. Ihr Geist sollte im Idealfall ganz auf Sie gerichtet sein. Schließen Sie Ihre Augen für noch mehr Konzentration und den Blick nach innen. Die Ausübung von Pranayama-Techniken sollte für Sie immer bequem sein, Sie sollten sich in dem, was Sie tun, wohlfühlen. Nur so können Sie sich ganz dem Bewusstwerden der Atmung widmen und erkennen, welchen positiven Einfluss sie haben kann. Bleiben Sie in Ihren eigenen Grenzen und versuchen Sie, aus dem Pranayama keinen Wettbewerb gegen andere oder aber sich selbst zu machen. Geben Sie sich Zeit und beginnen Sie langsam. Ein zu eiliges Vordringen kann zu körperlichen Schäden führen und wird auch nicht zu der erhofften Besserung beitragen. Sie schaden sich dann mehr, als dass Sie einen Nutzen davontragen.

> Sie sind gut so, wie Sie sind! Sie brauchen niemandem etwas zu beweisen, auch nicht sich selbst!

Probieren Sie sich aus und üben Sie sich in den verschiedenen Techniken. Horchen Sie dabei jedoch ganz genau in sich hinein und seien Sie empfänglich und sensibel für die Signale Ihres Körpers, gehen Sie sorgsam mit sich selbst um. Haben Sie das Gefühl, eine Übung nicht ausführen zu wollen, lassen Sie dieses Gefühl wirken und versuchen Sie sich an einer neuen Technik. Jeder Mensch ist unterschiedlich. Auch Ihre derzeitige Verfassung kann einen großen Einfluss darauf haben, ob Ihnen eine Übung guttut oder nicht, ob Sie sich bei einer Technik wohlfühlen oder nicht. Scheuen Sie sich also nicht davor, zu einem späteren Zeitpunkt diese Technik nochmals durchzuführen und achten Sie darauf, wie es Ihnen nun damit geht.

Tasten Sie sich langsam vor und gehen Sie von Stufe zu Stufe. Vielleicht haben Sie während der Praxis auch mal das Gefühl, heute eher eine Stufe zurückgegangen zu sein. Lassen Sie diese Empfindungen zu, aber betrachten Sie sie mit ganz viel Liebe und Verständnis. Pranayama ist kein Wettlauf. Es gibt keine Rückschritte, solange Sie sich einer regelmäßigen Praxis widmen. Wenn Sie sich zu erschöpft fühlen, dann lassen Sie diese

Empfindung zu und seien Sie ehrlich mit sich. In diesem Fall ist es besser für Sie, Pranayama nicht fortzuführen, sich eine Pause zu gönnen und dann weiterzumachen, wenn Sie sich bereit fühlen. Binden Sie sich nicht an zu viele Regeln und Verpflichtungen. Pranayama sollte kein weiterer Punkt auf Ihrer ohnehin reichlich gefüllten To-do-Liste sein. Pranayama soll Sie beleben und erfrischen, Ihnen Inspiration, Motivation, Freude und Heiterkeit schenken.

Es empfiehlt sich, sich in der richtigen Haltung, die zum Ausüben von Pranayama wichtig ist, zu üben. Auch, wenn Sie dies noch nicht getan haben, können Sie dennoch bereits mit den Atemübungen beginnen. Versuchen Sie sich gleichzeitig im Üben von Asana, das bedeutet Yoga-Haltung, und erlernen Sie gemeinsam mit den Atemtechniken auch den aufrechten Yogasitz. Eine gute Haltung wird Sie bei den Atemübungen unterstützen.

BEVOR ES LOSGEHT

Am besten lassen sich Pranayama-Techniken mit leerem Magen ausüben. Daher empfiehlt es sich, die Atemübungen am Morgen noch vor dem Frühstück zu praktizieren. Dadurch kann es auch gelingen, den Start in den Tag bereits positiv zu beeinflussen und schon kurz nach dem Aufstehen die Energie für die bis zum Abend anfallenden Aufgaben zirkulieren zu lassen. Seien Sie hier aber wiederum behutsam mit sich selbst und ganz besonders aufmerksam. Wenn Sie das Gefühl haben, dass es Ihnen am Morgen mit diesen Übungen nicht gut geht, seien Sie offen dafür zu experimentieren, um den für Sie richtigen Zeitpunkt herauszufinden. Im besten Fall sollte Pranayama zu einem ständigen Begleiter in Ihrem Alltag werden und Sie, beispielsweise in akuten Stresssituationen, durch die richtige Technik zu mehr Ruhe kommen lassen. Auch die Wahl der jeweiligen Techniken, Ihr persönlicher Tagesrhythmus und die Jahreszeiten können Einfluss auf die Wahl der Praxiszeit haben. Im Sommer eignen sich die Morgenstunden, da sie oft noch verhältnismäßig kühl sind.

Besondere Atemtechniken wie „Sitali" wiederum, die Sie etwas später noch kennenlernen, erweisen sich mitunter auch zu späteren Tageszeiten oder bei warmem Wind zum Beispiel als vorteilhaft zur Ausübung, da sie Kühlung verschaffen, daher müssen sie nicht ausschließlich zur kühlen Tageszeit ausgeführt werden.

Um die Praxis zu erlernen und noch bevor sie zu einem selbstverständlichen Teil Ihres Alltags werden kann, suchen Sie sich für die Durchführung einen für Sie geeigneten Ort. Abhängig davon, wann Sie die Übungen ausführen und für welche Techniken Sie sich entscheiden, kann die Wahl des Ortes sehr unterschiedlich sein. Auch hier spielt Ihr persönliches Empfinden eine wichtige Rolle. Bestenfalls ist der Raum trocken und luftig. Stickige und schlecht gelüftete Innenräume erschweren das Ausüben von Atemtechniken und sind oftmals kontraproduktiv. Wenn es Ihnen damit gut geht oder Sie sich der Natur ohnehin verbunden fühlen, können Sie Pranayama auch problemlos draußen praktizieren. Vielleicht haben Sie dort eine Stelle an einem See oder Fluss, oder Sie finden einen schönen Platz mitten im Wald, auf einem Hügel oder auch in Ihrem Garten. Selbstverständlich können Sie sich auch extra für die Ausübung von Pranayama eine solche Ecke einrichten, zum Beispiel in Ihrem Garten oder auf dem Balkon.

Tipp: Manche Menschen erleben Schwierigkeiten bei der Ausführung und Übung von Pranayama in Räumen mit vielen Büchern, dicken Teppichen oder schweren Vorhängen. Achten Sie darauf, wie es Ihnen geht, und beachten Sie, dass dieses Gefühl auch abhängig von der gewählten Technik veränderlich ist.

Machen Sie es sich bequem. Vielleicht mögen Sie auf einem Kissen sitzen, oder doch lieber auf einer dünnen Unterlage. Machen Sie sich, wenn möglich, und von Ihnen gewünscht, Kerzen an, deren warmes, natürliches Licht Körper und Geist zu mehr Entspannung verhelfen kann. Verwenden Sie unter Umständen Kopfhörer, Ohrstöpsel oder Ähnliches, um Umgebungsgeräusche zu minimieren oder ganz auszuschalten. Schalten Sie Ihr Smartphone auf lautlos oder sogar ganz aus. Vielleicht finden Sie auch einen Platz, an dem Sie frei von allen technischen Geräten üben können, sodass Sie durch keine Lämpchen, kein Rauschen oder die elektrische Strahlung beeinflusst werden. Seien Sie in diesem Moment ganz bei sich. Aufgaben, Verpflichtungen und die Hilfe, die andere möglicherweise von Ihnen benötigen, können warten, Sie haben sich die Zeit für sich und mit sich verdient. Wenn es Ihnen hilft, kommunizieren Sie dies mit Ihrer Familie oder den Menschen, mit denen Sie zusammenwohnen. Dies kann Ihnen bereits vor dem Ausüben der Techniken ein Gefühl von innerer Ruhe verschaffen.

Bedenken Sie, dass es nicht darum geht, möglichst viel Luft in sich einzuatmen. Das in „Pranayama" enthaltene Wort für „Hemmung" (Yama) deutet bereits an, dass das Pranayama eher zum Ziel hat, den Atem durch die erlernte Kontrolle zu verlangsamen und zu verringern. Besonders während der Durchführung von langsamen Übungen ist die Atmung kaum bis gar nicht hörbar. Sie sollte nahezu lautlos und mühelos ein- und ausströmen.

Achte Sie darauf, die Übungen nicht so lange zu machen, bis Sie müde und erschöpft sind. Seien Sie immer ganz bei sich und hören Sie auch dann auf, wenn Sie am Tag zuvor mehr geschafft haben. Vertrauen Sie den Signalen Ihres Körpers. Wenn Sie sich ans Praktizieren wagen, planen Sie im besten Fall im Anschluss an die Übungen eine halbe Stunde Ruhezeit ein. Sie sollten auf keinen Fall direkt nach den Übungen ein Bad nehmen. Lassen

Sie dem, was Sie soeben geübt haben, Zeit, seine positiven Wirkungen zu entfalten, und spüren Sie nach, was sich dadurch in Ihnen verändert. Im Regelfall stellt sich ein spürbarer Erfolg eher ein, wenn Sie zu Beginn mindestens 15 Minuten am Tag üben. Lassen Sie sich hier aber nicht unter Druck setzen, wenn Sie dies nicht schaffen. Wichtig ist, dass Sie überhaupt anfangen. Mit der Zeit entwickeln Sie eine Art Routine, werden gelassener und integrieren Pranayama ganz anders in Ihren Alltag. Also auch, wenn Sie zunächst vielleicht nur wenige Minuten pro Tag schaffen, oder mal einen Tag keine Übungen machen, ist das alles in Ordnung. Pranayama sollte kein Zwang für Sie sein und nicht ein weiteres Druckmittel in Ihrem Leben.

Tasten Sie sich langsam heran und geben Sie den Atemtechniken die Chance, Teil Ihres täglichen Lebens zu werden. Gehen Sie in sich und entscheiden Sie aus ihrem Bauchgefühl heraus, welche der Techniken für Sie im Moment gut passt, welche Wirkung Sie erzielen möchten. Beginnen Sie auch ganz ohne Scham mit der Übung, die vielleicht einfach wirken mag. Jeden Tag zwischen den Übungen zu springen, erweist sich nicht als besonders sinnvoll. Praktizieren Sie vielmehr eine Übung über einen längeren Zeitraum und versuchen Sie dabei, die Technik bis zu einem hohen Grad zu vervollkommnen, zu verinnerlichen und zu intensivieren. Vielleicht können Sie sich auch mit der Zeit steigern. Selbstverständlich sollten Sie auch andere Techniken probieren, um herauszufinden, welche Übungen Ihnen guttun. Erlauben Sie sich hier kleine, langsame Schritte und verinnerlichen Sie lieber erst eine Übung, als zu viel auf einmal zu wollen.

Sie werden sehen, dass in einigen Übungen nicht nur das Ein- und Ausatmen Bestandteil der Atmung ist, sondern auch das Anhalten der Luft. Das sogenannte „Kumbhaka" erfüllt für das Prana im Körper eine wichtige Funktion. Steigern Sie sich hier jedoch langsam und Schritt für Schritt. Vielleicht bekommt Ihnen das Anhalten der Luft zu Beginn nicht gut. Üben Sie sich in diesem Fall zunächst im kontrollierten Ein- und Ausatmen und fügen Sie die Atempause später hinzu. Starten Sie mit vier Sekunden. Erlauben Sie sich jedoch auch, damit wieder aufzuhören, wenn es Ihnen damit nicht gut geht. Bemerken Sie allerdings, dass es sich positiv für Sie anfühlt und Sie mit vier

Sekunden schon gut zurechtkommen, dann trauen Sie sich, eine Steigerung auf acht Sekunden oder später auch auf 12 Sekunden zu wagen. Dies können Sie so lange weiter machen, bis Sie das Gefühl haben, die Grenze Ihrer Fähigkeiten des Atemanhaltens erreicht zu haben. Unabhängig davon, bei wie vielen Sekunden diese Grenze eintritt, achten Sie unbedingt darauf, dass Sie sich weiterhin wohlfühlen und keineswegs verkrampfen.

RICHTIG SITZEN, UM RICHTIG ZU ATMEN

Die meisten Übungen im Pranayama werden im Sitzen ausgeführt. Achten Sie darauf, dass Sie sich bequem hinsetzen, sodass zu keiner Zeit während der Ausübung unangenehmer Druck oder Ähnliches Sie belastet. Suchen Sie sich ohne Scheu Hilfsmittel oder verändern Sie Ihre Position immer wieder, bis Sie sich wohlfühlen. Wichtig ist jedoch, dass Sie auf eine angemessene Haltung achten.

Die gängigste Position ist der Meditationssitz oder auch der Lotussitz. Dabei sind die Beine überkreuzt, sodass die Position Sie vielleicht an einen

Schneidersitz erinnert. Wenn Sie das Gefühl haben, dass Ihr Unterkörper schwer und entspannt auf dem Boden oder Stuhl platziert ist und eine Verbindung herstellt, sind Sie schon auf dem richtigen Weg. Die Verbindung zum Boden ist ganz wichtig, denn sie bewirkt bei der sitzenden Person eine Erdung. Ihre Sitzbeinhöcker sollten spürbar auf der Unterlage aufliegen. Zur Hilfe können Sie hier aktiv Ihr Sitzfleisch zur Seite „ziehen", sodass die Sitzbeinhöcker eine Verbindung zum Boden aufbauen können. Ihre Knie sollten entspannt in Richtung Boden fallen. Wenn Sie hier eine unangenehme Dehnung spüren oder es Sie viel Kraft kostet, die Knie zu halten, wenn diese nicht so weit nach unten kommen, nehmen Sie sich Kissen, Bücher oder richtige Yogablöcke zur Hilfe. Platzieren Sie diese unter Ihren Knien und stützen Sie sie damit ab. Wenn Sie Knieprobleme haben oder aus anderen Gründen die Knie nicht anwinkeln können oder möchten, wechseln Sie zum langen Sitz, bei dem Sie Ihre Beine gerade nach vorn ausstrecken.

Achten Sie nun darauf, Ihr Steißbein nach vorn zu ziehen. Dadurch richten Sie Ihr Becken auf, welches sich nun gerade über dem Boden aufrichtet. Zur gleichen Zeit ziehen Sie aktiv Ihren Bauch ein. Sie sollten das Gefühl bekommen, dass sich Ihr Bauchnabel in Richtung Wirbelsäule bewegt. Indem Sie den Bauch einziehen und das Steißbein nach vorn bewegen, richten Sie sich spürbar auf und verhindern, dass Sie in ein Hohlkreuz verfallen. Nutzen Sie dieses Aufrichten aus und ziehen Sie es an der gesamten Wirbelsäule entlang, als würde Sie ein Faden in Richtung Decke strecken.

Ihre Schultern ziehen Sie nun so weit wie möglich nach unten. Behalten Sie dies auch während der Übungen im Auge, Sie sollten Ihre Schultern nicht hochziehen, denn dadurch bescheren Sie sich Verspannungen. Lassen Sie die Schultern nach unten fallen und versuchen Sie, Ihre Schulterblätter zusammenzudrücken. Dadurch nehmen Sie auch in Ihrem Oberkörper eine gerade Haltung ein. Auch Ihr Brustkorb wird dabei etwas nach vorn gedrückt, unter Umständen bekommen Sie das ungewohnte Gefühl, ihn etwas zu sehr herauszudrücken. Ihr Oberkörper erhält so jedoch die wichtige Aufrichtung und der herausgestreckte Brustkorb bietet so beim Einatmen mehr Platz und mehr Volumen für die einströmende Luft.

Ihr Kopf ist aufgerichtet. Seine Krone, der höchste Punkt des Kopfes, zeigt zur Decke und nimmt die Streckung der Wirbelsäule auf. Passen Sie auf, dass Sie Ihr Kinn nicht zu weit nach oben strecken.

Besonders zu Beginn mag Ihnen diese Haltung schwierig und anstrengend vorkommen. Lassen Sie sich nicht entmutigen, Übung macht den Meister! Je länger Sie sich sowohl in den Atemtechniken als auch in einem richtigen Sitz üben, desto besser werden Sie.

PRANAYAMA KENNENLERNEN

Nachdem Sie sich nun einen geeigneten Platz gesucht haben und wissen, dass Sie keine bestimmte Leistung erzielen müssen, ist es an der Zeit, sich der Praxis zu widmen und mit dem Pranayama zu beginnen. Tasten Sie sich Stück für Stück voran und scheuen Sie sich nicht davor, längere Zeit bei einer Übung zu verweilen, wenn Ihnen diese besonders guttut und Sie sich mit dieser Übung wohlfühlen. Überfordern Sie sich nicht!

Atembeobachtung

Um langsam mit dem Pranayama zu beginnen, eignet sich diese Übung hervorragend. Sie ermöglicht einen sanften Einstieg und hilft Ihnen, Ihren Atem und seine Eigenheiten erst einmal selbst wahrzunehmen. Machen Sie es sich bequem. Diese Übung können Sie noch im Bett liegend durchführen, im Sitzen kann Ihre Atmung jedoch tiefer werden. Begeben Sie sich in die für Sie richtige Position und lassen Sie Ihren Atem fließen. Beeinflussen Sie ihn nicht. Sie haben gelernt, dass die Atmung durch die Nase und in den Bauch von Vorteil ist, erzwingen Sie aber nichts.

Lassen Sie sich ganz auf Ihre derzeitige Atmung ein, seien Sie nur ein Beobachter. Was verändert sich beim Einatmen? Hebt sich Ihr Brustkorb und spüren Sie die Ausdehnung der Lunge oder sind es vielmehr Ihre Schlüsselbeine, die sich heben? Was spüren Sie, wenn Sie einatmen? Gibt es Atempausen oder sind Ein- und Ausatmung absolut gleichwertig? Nehmen Sie sich die Zeit, Ihre ganz individuelle und eigene Atmung kennenzulernen. Lassen Sie die Gefühle und was Sie währenddessen spüren zu, ohne zu filtern oder zu werten.

Ein- und Ausatmen

Eine weitere Übung zum Einstimmen auf Pranayama ist das kontrollierte Ein- und Ausatmen. Lassen Sie hierfür Ihren natürlichen Atem fließen und konzentrieren Sie sich. Diese Übung eignet sich daher sehr gut, um im Anschluss an die Atembeobachtung durchgeführt zu werden. Nachdem Sie Ihren Atem eine Weile betrachtet haben, beginnen Sie nun, ihn zu kontrollieren. Nehmen Sie sich vor allem beim Ausatmen viel Zeit. Indem die Luft Ihren Körper verlässt, lassen Sie auch innerlich immer weiter los. Sie bauen körperliche An- und Verspannungen ab und reinigen hiermit auch Ihren Geist. Bleiben Sie beim Einatmen (Puraka) und dem Ausatmen (Rechaka). Atempausen (Kumbhaka) sind in diesem Stadium der Übung noch nicht relevant.

Achten Sie darauf, dass Ihre Atmung ein Verhältnis von eins beim Einatmen zu zwei beim Ausatmen hat. Konzentrieren Sie sich ganz auf diesen Vorgang und zählen Sie mit. Atmen Sie tief ein und doppelt so lange wieder aus. Zu Beginn mag das noch nicht gleich funktionieren. Bewahren Sie Ruhe, bleiben Sie ganz bei sich und geben Sie sich die Zeit, dies zu lernen. Mit dieser Übung legen Sie einen wichtigen Grundstein für die folgenden Pranayama-Übungen, Sie lernen Ihren Atem kennen und intensivieren diesen zugleich. Bereits diese Übung wird sich positiv auswirken und Körper und Geist weiter zusammenbringen.

Samavritti Pranayama

Zur Einstimmung auf die weiteren Techniken und zum vertiefenden Kennenlernen und Kontrollieren des eigenen Atems bietet sich auch Samavritti an. Es bedeutet „gleich verteilter Atem" und bildet, ebenso wie die Atembeobachtung, einen guten Einstieg ins Pranayama. Dabei arbeitet diese Übung ähnlich wie die zuvor beschriebene Ein- und Ausatemtechnik. Der bedeutende Unterschied ist jedoch, dass sich hier Aus- und Einatmung in einem Gleichklang befinden, beide sind absolut gleichwertig. Konzentrieren Sie sich auch bei dieser Übung ganz auf Ihren Atemfluss. Vielleicht haben Sie sich zuvor dem Ein- und Ausatmen gewidmet. Bleiben Sie dabei und atmen Sie tief durch die Nase ein und anschließend wieder aus.

Zählen Sie dabei ruhig mit, wie lange Sie einatmen und kontrollieren Sie, dass das Ausatmen genauso lange passiert. Bleiben Sie in Ihrem persönlichen Rhythmus und achten Sie nur auf eine absolute Gleichwertigkeit vom Einatmen im Vergleich zum Ausatmen. Diese Gleichmäßigkeit ist charakteristisch für diese Atemtechnik. Die Regelmäßigkeit der Atmung, die sich einstellt, wirkt auch in Ihrem Inneren und vermittelt dort Balance und Ruhe. Je nach Ihren persönlichen Vorlieben können Sie auch Atempausen integrieren. Diese können sowohl nach dem Einatmen also auch nach dem Ausatmen gesetzt werden. Kontrollieren Sie hier unbedingt, dass auch die Atempause sich dem von Ihnen gesetzten Rhythmus anpasst. Gehen Sie hier behutsam vor und belassen Sie es zunächst bei der Kontrolle von Ein- und Ausatmung, bevor Sie sich an das Anhalten des Atems wagen.

Diese drei Übungen bilden eine ideale Grundlage, um sich nicht nur mit der Thematik der Atemtechniken vertraut zu machen, sondern auch die eigene Atmung kennenzulernen und bereits zu kontrollieren. Kombinieren Sie diese Übungen so, dass es Ihnen gut damit geht. Erlauben Sie sich immer wieder, zur bloßen Beobachtung Ihrer Atmung zurückzukehren, und üben Sie sich dann in der sanften Kontrolle, indem Sie ein bestimmtes Verhältnis zwischen dem Ein- und dem Ausatmen herstellen.

MIT DER (AUS-)ÜBUNG BEGINNEN

Purna-Atmung – die vollständige Yoga-Atmung

Vorbereitung: Die Purna-Atmung verbindet drei Atemräume miteinander, im Sanskrit steht Purna auch für „Fülle". Die Übung können Sie im Liegen oder auch im Meditationssitz ausführen. Der Meditationssitz ist eine gerade, aufrechte Sitzposition. Die Beine werden gekreuzt, ähnlich wie im Schneidersitz, sodass sich eine gute Basis für die Position des Beckens bildet. Auch die Wirbelsäule kann so leicht nach oben streben. Wenn Sie sich unsicher sind, lesen Sie noch mal genauer nach, worauf Sie beim Yogasitz achten müssen.

Ihre Hände können Sie entweder wie eine Schale auf den Fußgelenken platzieren oder in das Jnana Mudra legen. Bei dieser Haltung berühren sich Daumen und Zeigefinger, wodurch sie einen Kreis bilden. Die restlichen Finger sind gerade und ausgestreckt. Diese Haltung kennen Sie vielleicht als die übliche Meditationshaltung. Durch diesen Sitz werden die Energiebahnen des Körpers geschlossen, die Lebensenergie kann zirkulieren.

Ausführung: Für die Atemtechnik platzieren Sie zunächst die Hände auf Ihrem Bauch. Nehmen Sie ganz bewusst wahr, wie sich Ihr Bauch beim Einatmen hebt, wie sich die Bauchdecke vorwölbt und beim Ausatmen wieder senkt. Verweilen Sie so ein paar Atemzüge und beobachten Sie die Vorgänge. Legen Sie nun Ihre Hände rechts und links auf die Rippen Ihres Brustkorbs. Die Daumen zeigen dabei nach innen. Verweilen Sie auch hier für ein paar Atemzüge und spüren Sie, wie sich Ihr Brustkorb bei jedem Atemzug ausdehnt oder wieder zusammenzieht.

Daran anschließend platzieren Sie Ihre Hände auf den Lungenspitzen. Diese befinden sich in Höhe der oberen Rippen und unterhalb der Schlüsselbeine. Halten Sie diese Position für ein paar Atemzüge und fühlen Sie, wie sich der obere Brustkorb ein wenig anhebt und wieder senkt. Seien Sie aufmerksam und registrieren Sie Ihren Atem an diesen drei Stellen für etwa sechs bis zehn Atemzüge. Betrachten Sie genau, was dabei in und mit Ihrem Körper passiert.

Weiterführung: Fortgeschrittene können diese Atemübung auch mit anderen Yogaübungen verbinden. So lässt sich die Purna-Atmung beispielsweise sehr gut in der Haltung der Schulterbrücke praktizieren. Seien Sie jedoch sehr feinfühlig. Achten Sie auf sich und inwiefern Ihnen diese Erweiterung guttut. Es ist besser, wenn Sie sich nur auf die Atmung konzentrieren, als zu schnell zu viel erreichen zu wollen.

Wirkung: Die Purna-Atmung eignet sich zum Entspannen und Beruhigen. Durch die Beobachtung des dreigeteilten Atems in Bauch, Brustkorb und Schlüsselbein lösen sich sowohl physische als auch psychische Anspannungen. Die gesamte Atemmuskulatur und auch die Bronchien erholen sich und auch der Herzschlag wird entspannter und ruhiger. Gleichzeitig führt diese Atemtechnik zu einer Senkung des Blutdrucks und zeigt ebenso eine positive Auswirkung auf die Verdauung. Wenn Sie unter Einschlafproblemen leiden oder Ihnen so manches Mal die nötige Konzentration fehlt, kann diese Übung Abhilfe verschaffen.

Chandra Bhedana Pranayama – Mondatmung

Vorbereitung: Chandra bedeutet übersetzt Mond, Bhedana heißt „durchbohren" oder „hindurchgehen". Dieses Pranayama belebt die weibliche Mondenergie und aktiviert das Ida Nadi, der feinstoffliche Kanal im Körper, der links entlang der Wirbelsäule bis zwischen die Augenbrauen verläuft, durch den linken Nasendurchgang weiterführt und in der Mulde des linken Nasenflügels endet. In den yogischen Schriften werden die sogenannten Nadis, ebendiese Energiekanäle, besonders beachtet und in den Übungen bedacht.

Von den 72.000 Nadis sind drei am wichtigsten: Sushumna Nadi (liegt mittig und verläuft in der Wirbelsäule), Pingala Nadi (Träger der Sonnen- und damit der männlichen Energie im rechten Teil des Körpers) und Ida Nadi, als Herrscher über die rechte Gehirnhälfte und als Träger der Mondenergie. Diese ist im Yoga weiblich konnotiert und steht für die gefühlsbetonte Kraft. Dieses Pranayama kann im Sitzen auf einem Meditationskissen ausgeführt werden oder Sie setzen sich aufrecht auf einen Stuhl.

Ausführung: Bringen Sie Ihre Hand in das Vishnu-Mudra. Dabei sind Zeige- und Mittelfinger nach unten geklappt. Daumen und Ringfinger werden für die Durchführung der Atmung gebraucht und verschließen abwechselnd die Nasenlöcher. Nehmen Sie die für Sie geeignete Sitzposition ein. Fangen Sie mit der Übung an, indem Sie durch Ihr linkes Nasenloch einatmen. Halten Sie dabei Ihr rechtes Nasenloch mit dem Daumen der rechten Hand zu. So wird die Mondenergie geweckt, Ida Nadi wird aktiviert. Im Anschluss atmen Sie durch das rechte Nasenloch aus. Verschließen Sie hierfür das linke Nasenloch mit dem Ringfinger.

Weiterführung: Wenn Sie sich mit dieser Technik des Atmens vertraut gemacht haben, können Sie nach dem Einatmen eine Atempause einfügen. Nachdem Sie durch das linke Nasenloch eingeatmet haben, verschließen Sie beide mit Daumen und Ringfinger, halten die Luft so lange ein, wie es Ihnen guttut, und atmen anschließend durch das rechte Nasenloch wieder aus.

Wirkung: Die Mondatmung hat, wie auch der Mond oft beschrieben wird, eine kühlende Wirkung. Ihre Durchführung beruhigt und entspannt das Nervensystem und hilft Ihnen, Dinge loszulassen. Wenn Sie an Nervosität und Reizbarkeit leiden, verschafft Ihnen diese Technik Linderung. Sogar bei Heißhunger kann durch diese Wechselatmung Besserung entstehen und die Regeneration wird unterstützt. Die Mondatmung aktiviert die weibliche Energie und fördert hierdurch auch die Intuition sowie die geistigen Fähigkeiten.

Surya Bheda Pranayama – Sonnenatmung
Vorbereitung: Surya steht für „Sonne", Bheda beschreibt „durch etwas durchbrechen". Diese Atemtechnik konzentriert sich auf die Sonnenenergie, die auch als heiße Energie oder männliche Energie bezeichnet wird. Als Sinnbild hierfür steht das rechte Nasenloch als Tür zur Pingala Nadi, die Energieleitbahn dieser Sonnenenergie, die zu den wichtigsten drei Nadis zählt. Diese Energie ist für Bewegung und Aktivität verantwortlich. Beim Ausüben dieser Technik wird die Sonnenenergie stark aktiviert. Indem Sie durch Ihr rechtes Nasenloch atmen, durchbrechen Sie quasi diese Sonnenenergie, wodurch sich der Name erklärt.

Ausführung: Bringen Sie sich in eine aufrechte, sitzende Haltung. Achten Sie darauf, dass Sie bequem sitzen und sich wohlfühlen. Nun legen Sie Ihre Hände in das Vishnu-Mudra, sodass Sie Daumen und Ringfinger zum Verschließen der Nase verwenden können. Die Ausführung ist sehr ähnlich zur Praxis der Mondatmung, nur dass hier die rechte Seite aktiviert wird. Mit dem Ringfinger Ihrer rechten Hand verschließen Sie nun Ihr linkes Nasenloch und atmen tief und langsam ein. Achten Sie darauf, dass Sie dabei möglichst lautlos atmen, es sollten keine Geräusche dabei entstehen.

Wenn Sie vollständig eingeatmet haben, verwenden Sie Ihren Daumen, um Ihr rechtes Nasenloch zu verschließen. Halten Sie, wenn Sie möchten, in dieser Position Ihren Atem kurz an (Kumbhaka). Anschließend lösen Sie für die Ausatmung den Ringfinger von Ihrem linken Nasenloch und atmen vollständig aus. In der gleichen Ausführung können Sie diese Übung drei- bis fünfmal wiederholen. Wenn Sie möchten, können Sie diese Übung mit dem Zählen der Atmung begleiten. Versuchen Sie, während Sie einatmen, gleichzeitig bis zwei zu zählen. Während Sie die

Luft einhalten, zählen Sie bis acht, beim anschließenden Ausatmen bis vier.

Weiterführung: Als Weiterführung können
Sie den durch das Zählen entstehenden Takt erweitern. Wenn es Ihnen gut damit geht, wagen Sie
sich an einen gesteigerten Rhythmus heran. Versuchen Sie, vier oder acht Sekunden einzuatmen,
halten Sie die Luft sechzehn oder zweiunddreißig
Sekunden an und atmen Sie im Anschluss acht
oder sechzehn Sekunden aus. Wichtig ist, dass das
Ausatmen doppelt so viel Zeit in Anspruch nimmt
wie das Einatmen. Das Einhalten der Luft sollte im
Idealfall doppelt so lange wie die Ausatmung andauern. Starten Sie zunächst klein und steigern Sie
sich langsam und mit Bedacht. Auch ohne die
Atempause stellt sich durch diese Atmung eine
Wirkung ein.

Wirkung: Die Sonnenatmung eignet sich
hervorragend bei Magen-Darm-Problematiken
oder wenn Sie sich energielos fühlen. Sie aktiviert
die Sonnenenergie und damit auch die Wärme,
oder vielmehr die Hitze, im Körper. Energie und
der Drang nach Aktivität nehmen ebenso zu wie
die Bewegungen im Inneren, zum Beispiel bei der
Verdauung. Auch die weibliche Sexualität kann

diese Übung stärken und intensivieren. Leiden Sie häufig oder sogar dauerhaft an kalten Extremitäten, verhilft Ihnen diese Übung zu mehr innerer Wärme. Durch diese Erzeugung von Wärme und Hitze empfiehlt es sich nicht, diese Atemübung bei Fieber oder Hitzewallungen durchzuführen, das gilt auch bei Durchfall.

Nadi Shodana oder Anuloma Viloma – die Wechselatmung

Vorbereitung: Nadis sind die Energiekanäle im Körper, Shodana bedeutet „Reinigung". Damit wird deutlich, dass diese Atemtechnik diese Energiekanäle reinigt. Dabei bringt sie die rechte und linke Gehirnhälfte in Verbindung, schafft einen Ausgleich zwischen beiden und stellt eine Balance her. Häufig findet man diese Übung auch unter dem Namen „Raja Pranayama". Übersetzt bedeutet dies „königliches Pranayama". Achten Sie ganz genau darauf, wie Sie sich bei der Ausführung fühlen. Verspüren Sie Herz- oder Blutdruckbeschwerden, führen Sie die Technik ohne das Anhalten des Atems durch. Begeben Sie sich für die Durchführung in eine sitzende Haltung, zum Beispiel in den aufrechten Meditationssitz.

Ausführung: Ihre Hand befindet sich im Vishnu-Mudra. Dabei sind Zeige- und Mittelfinger nach unten geklappt, Daumen und Ringfinger verschließen abwechselnd die Nasenlöcher. Stellung und Aufgabe der Hand sind vergleichbar mit der Mond- oder Sonnenatmung. Nun halten Sie mit Ihrem rechten Daumen Ihr rechtes Nasenloch zu und atmen tief und bewusst durch das linke Nasenloch aus. Anschließend beginnen Sie mit dem Einatmen durch das freie linke Nasenloch und verschließen es nun mit dem Ringfinger Ihrer rechten Hand.

Versuchen Sie nun, den Atem anzuhalten und dabei bis vier zu zählen. Seien Sie hierbei feinfühlig mit sich selbst und beobachten Sie, ob es Ihnen dabei gut geht. Im Anschluss lösen Sie Ihren Daumen vom rechten Nasenloch und atmen vollständig aus. Für die nächste tiefe Einatmung durch Ihr rechtes Nasenloch halten Sie mit dem Ringfinger das Linke verschlossen. Nach dem Einatmen nutzen Sie Ihren Daumen zum Verschließen des rechten Nasenlochs und halten Sie den Atem wiederum für kurze Zeit an. Im Anschluss lösen Sie den Ringfinger am linken Nasenloch zum Ausatmen. Damit nun der Kreislauf wieder von vorn beginnt, atmen Sie nun wieder links ein und wiederholen Sie die Vorgänge dieser Atmung für fünfmal auf jeder Seite.

Weiterführung: Wenn Ihnen das Anhalten der Luft zwischen dem Ein- und dem Ausatmen zunächst nicht guttut, führen Sie diese Pranayama-Technik vorerst ohne durch. Wenn Sie sich sicherer fühlen und die Wechselatmung verinnerlicht haben, können Sie sich noch einmal an das Anhalten der Luft wagen. Probieren Sie sich einfach immer wieder aus.

Wirkung: Die Wechselatmung wirkt sich beruhigend und ausgleichend auf den Geist, Ängste und Stress aus. Durch diese wechselseitige Atmung werden nicht nur die männliche und weibliche Seite verbunden, auch die Verbindung von Sympathikus und Parasympathikus wird harmonisiert. Nadi Shodana bewirkt einen erhöhten Sauerstoffgehalt im Blut und hilft gegen Müdigkeit und Kopfschmerzen. Die Atmung wird tiefer und das Zwerchfell gestärkt. Auch die Lebensenergie, das Prana, wird durch diese Atemübung im Körper gespeichert.

MIT DER (AUS-)ÜBUNG FORTSCHREITEN

Bhramari Atmung – Summen

Vorbereitung: Diese Übung wird auch „Bienenton-Atem" genannt, denn das bedeutet Bhramari übersetzt. Diese Übersetzung beschreibt bereits den Hauptcharakter der Übung, denn bei der Bhramari-Atmung summen Sie beim Ausatmen mit geschlossenem Mund wie eine Biene. Diese Übung können Sie wiederum im Liegen oder aber im Sitzen ausführen. Durch die gerade und aufrechte Haltung sowie das Schließen der körpereigenen Energiebahnen im Vishnu-Mudra bietet sich der Meditationssitz an.

Ausführung: Atmen Sie zu Beginn tief ein und lassen Sie dann das Ausströmen der Luft beim Ausatmen von einem Summen begleiten. Durch diesen Summton bildet sich in Ihrem Körper eine starke Vibration. Vor allem die Resonanzräume Kopf sowie Nacken- und Brustraum sind hier betroffen. Spüren Sie, wie sich diese Vibration für Sie anfühlt. Vielleicht konzentrieren Sie sich dabei zunächst auf die Wirkung in einem Körperbereich, zum Beispiel dem Kopf. Tasten Sie sich langsam vor und schenken Sie dem Gefühl Ihre volle Aufmerksamkeit. Die durch das Summen entstehende Vibration bewirkt eine bessere Durchblutung des Gewebes. Vielleicht verspüren Sie beim Üben dadurch eine angenehme Wärme in Ihrem Körper oder auch ein ganz leichtes Kribbeln.

Weiterführung: Wenn Sie mit dieser Atmung schon etwas vertraut sind, können Sie sie mit der zuvor beschriebenen Purna-Atmung kombinieren, indem Sie beim Ausatmen zusätzlich zum Summen auch die Bewegung von Bauch, Brustkorb und Schlüsselbeinen genau beobachten und nachspüren.

Wirkung: Auch die Bhramari-Atmung wirkt sich beruhigend auf Körper und Geist aus. Sie verschafft Linderung bei Schlafstörungen und wirkt innerer Unruhe entgehen. Auch die Verdauung wird durch Bhramari angeregt. Außerdem unterstützt diese Technik eine Vertiefung Ihres Atems und einen verbesserten Atemfluss, vor allem in Bezug auf die Ausatmung. Durch diese Auswirkungen und die damit einhergehende Öffnung der Atemwege durch das lange Ausatmen kann diese Pranayama-Technik auch Asthma-Bronchiale lindern.

Ujjayi-Atmung – Kehlatmung

Vorbereitung: Übersetzt man Ujjayi, bedeutet es „siegreich". Bei dieser Technik des Atmens wird die Stimmritze, das ist der spaltförmige Raum zwischen den Stimmlippen, verengt. Dies ermöglicht eine sehr bewusste und kontrollierte Ein- und Ausatmung. Auf diesem Weg bewirkt dieses Pranayama eine ideale Verlängerung und Verfeinerung Ihres Atems. Ujjayi kann am besten in einer sitzenden Haltung ausgeübt werden. Auch während der gesamten Yogapraxis und vor allem bei herausfordernden Bewegungen kann diese Atemtechnik als Unterstützung zusätzlich eingesetzt werden. Bitte beachten Sie, dass Sie bei hohem Blutdruck, Herzbeschwerden oder Hitzebeschwerden diese Atmung nicht durchführen sollten.

Ausführung: Um mit der Übung zu beginnen, atmen Sie langsam durch die Nase ein und im Anschluss durch den Mund wieder aus. Beim Ausatmen ist es wichtig, dass Sie darauf achten, ein lautes „hhhaa"-Geräusch zu erzeugen. Beim nächsten Atemzug holen Sie erneut durch die Nase Luft, lassen beim anschließenden Ausatmen den Mund jedoch geschlossen. Dennoch sollten

Sie wiederum das „hhhaa"-Geräusch, dieses Mal bei geschlossenem Mund, erzeugen. An der Form der Kehle ändert sich hierbei nichts, sie bleibt unverändert. Vor allem zu Beginn mag dies für Sie sehr ungewöhnlich und vielleicht auch schwer erscheinen. Zur Erleichterung können Sie sich vorstellen, einen Spiegel mit geschlossenem Mund anzuhauchen. Konzentrieren Sie sich beim nächsten Atemzug darauf, die Form der Kehle beizubehalten. Atmen Sie also ein und öffnen Sie den Mund auf keinen Fall. Es entsteht nun dieser rauschende Ton, der zusätzlich beruhigend wirken kann, denn der Ton erinnert an das Rauschen des Meeres. Lassen Sie sich nicht verunsichern, wenn dieses Pranayama nicht gleich gelingt. Bleiben Sie dabei und üben Sie sich in dieser Atemtechnik. Je länger Sie sich ausprobieren, desto eher wird sich dieser entspannende Effekt einstellen. Haben Sie Geduld! Wenn Sie es geschafft haben, wird es Ihnen möglich, durch dieses leise Rauschen Ihren Atem zu beobachten und auch zu verlängern.

Weiterführung: Geben Sie sich selbst Zeit, diese Technik zu erlernen. Wenn Sie sich dann sicher fühlen und mit diesem Pranayama gut zurechtkommen, können Sie Ihre Praxis erweitern, indem Sie, passend zur Atmung und auf Ihren persönlichen, individuellen Rhythmus abgestimmt, Yogaübungen harmonisch und im Einklang mit dem Atem ausführen.

Wirkung: Die Technik der Kehlatmung ist eine der schwierigeren Techniken. Sich in ihr zu üben, wird sich jedoch für Sie lohnen, denn diese Technik löst Spannungen, beruhigt den Geist und erhöht Ihr Lungenvolumen. Ujjayi-Atmung reinigt Ihren Kehlkopf und kräftigt den Körper. Auch die Aufnahme von Sauerstoff wird gesteigert. Sie können sich auch über eine verbesserte Verdauung freuen, erlangen mehr Konzentration und erhöhen Ihre Achtsamkeit. Die Kehlatmung wirkt auch auf der feinstofflichen Ebene in Bezug auf die Lebensenergie. Sie reinigt Sushumna Nadi, den Hauptkanal entlang der Wirbelsäule, auf dem sich alle sieben Chakren befinden, und stimuliert das Wurzelchakra, welches für Lebenskraft und Urvertrauen steht.

Sitali – kühlende Atmung
Vorbereitung: Bei allen Beschwerden, die mit Hitze und vor allem zu viel Hitze zu tun haben, kann die Sitali-Atmung eingesetzt werden. Sie ist

eine kühlende Atmung, die bei Beschwerden wie beispielsweise Fieber oder während der Wechseljahre angewendet werden kann. Dieses Pranayama sollten Sie im Sitzen ausführen. Nehmen Sie hierfür auf einem Stuhl oder im Meditationssitz Platz und achten Sie auf eine aufrechte Haltung.

Ausführung: Sie starten diese Atemtechnik, indem Sie Ihre Zunge zu einem „U" rollen. In dieser Form strecken Sie Ihre Zunge nun bis zu Ihren Lippen heraus. Dadurch wird eine kleine Rinne oder ein Röhrchen geformt, durch welches der Atem einströmen kann. Es gibt Menschen, die ihre Zunge so nicht formen können. Lassen Sie sich hiervon nicht verunsichern. Sie können die Zunge glatt lassen und ebenfalls bis zu den Lippen herausstrecken. Nun atmen Sie gleichmäßig und langsam ein. Konzentrieren Sie sich auf Ihren Atem und achten Sie darauf, Brustkorb und Bauch auszuweiten. Sie ziehen regelrecht die Luft zischend durch die Zungenrinne ein, wenn Sie diese formen können. Versuchen Sie, den Atem nun ein bis vier Sekunden zu halten. Entspannen Sie sich dabei, versuchen Sie, sich nicht zu verkrampfen. Wenn es Ihnen nicht gut damit geht, lassen Sie diesen Teil besser zunächst aus. Im Anschluss atmen Sie durch die Nase wieder aus. Diesen Vorgang wiederholen Sie nun fünfmal.

Weiterführung: Bei dieser Atmung sollten Sie sich ganz auf die Durchführung konzentrieren und zur Ruhe kommen. Da sie vor allem bei Beschwerden mit Hitze angewendet wird, sollten Sie sich nicht überfordern und zu viel wollen. Vielleicht haben Sie zunächst den Atem nicht angehalten und wollen sich nun steigern. Wenn Sie mit der Übung gut zurechtkommen, steht einer Steigerung der Intensität, indem Sie die Atempause aufnehmen, nichts im Weg.

Wirkung: Wie bereits erwähnt, verhilft diese Atmung der Kühlung des Körpers und kann daher bei Hitzewallungen oder Fieber eingesetzt werden und Linderung verschaffen. Auch für warme Sommertage eignet sich diese Atmung hervorragend. Mit Sitali reinigen Sie zudem Ihr Blut und reichern es mit Sauerstoff an. Sie hilft Ihnen, Appetit zu zügeln und gleichzeitig Ihre Verdauung zu fördern. Ebenfalls bei Kopfschmerzen oder Bluthochdruck unterstützt sie die kühlende Atmung. Durch die regelmäßige Anwendung und Ausübung können Sie zudem Atembeschwerden vorbeugen.

Kapalabhati – Feueratmung

Vorbereitung: Unter Kapalabhati versteht man „Schädelleuchten". Dieser etwas fremde Begriff weist auf das befreite und leichte Gefühl hin, welches sich nach der Durchführung dieser Pranayama-Technik einstellt. Nehmen Sie für die Praxis dieser Übung einen aufrechten Sitz ein. Wenn Sie schon geübter sind, lässt sich der Feueratem auch mit anderen Yogaübungen kombinieren. Zunächst achten Sie jedoch auf den aufrechten Meditationssitz und konzentrieren Sie sich vorerst ausschließlich auf diese besondere Atemtechnik. Führen Sie diese Übung keinesfalls aus, wenn Sie Bauchschmerzen haben, Sie schwanger sind oder Sie gerade Ihre Periode haben. In dieser Zeit sollten Sie sich anderen Atmungstechniken widmen.

Ausführung: Um zu beginnen, atmen Sie zunächst tief durch, atmen Sie tief ein und wieder aus. Nun beginnen Sie mit dem Feueratem. Hierfür atmen Sie nur noch zu circa zwei Drittel ein. Achten Sie darauf, nicht in Gänze tief einzuatmen. Das Ausatmen geschieht nun stoßweise. Während Sie so die eingeatmete Luft ausstoßen, zieht sich Ihre Bauchdecke, oder viel mehr das Zwerchfell, kraftvoll nach innen. Die Bewegung des Zwerchfells erinnert an eine kräftige Pumpe. Während Sie so ausatmen, bemerken Sie vielleicht bereits, dass die Einatmung während dieser stoßweisen Ausatmung von ganz allein entsteht. Diese Übung ist schwer und bedeutet besonders zu Beginn viel Übung für Sie. Vielleicht wird Ihnen bei der Ausübung auch schwindelig. Achten Sie auf sich und übertreiben Sie es zu keiner Zeit.

Lassen Sie allerdings zu, sich auszuprobieren, bis Sie die Technik verinnerlicht haben. Vielleicht klappt es nicht gleich zu Beginn, das muss es auch nicht. Versuchen Sie es ganz einfach immer wieder. Atmen Sie einmal tief durch und dann wieder weniger tief ein. Beim anschließenden Ausatmen konzentrieren Sie sich in Gänze auf die Stoßbewegung Ihrer Bauchdecke und überlassen es so dem natürlichen Rhythmus Ihres Atems und Ihres Körpers, wann das Einatmen stattfindet. Lassen Sie es geschehen. Wiederholen Sie das kraftvolle Ausatmen zwanzig- bis fünfzigmal, abhängig davon, wie es Ihnen dabei geht und wie viel Übung Sie bereits haben. Beim letzten Mal ausatmen konzentrieren Sie sich darauf, die gesamte Luft aus der Lunge auszuatmen. Halten Sie nun in dieser

Atemleere kurz die Luft an, bevor Sie in Ihrem gewohnten Rhythmus weiteratmen.

Weiterführung: Der Feueratem kann in vielfältiger Weise fortgeführt und erweitert werden. Beschränken Sie sich zunächst darauf, nachdem Sie diese Atemtechnik ausreichend kennengelernt haben und sie praktizieren können, die Anzahl zu erhöhen. Arbeiten Sie sich mit der Zeit von zwanzigmal ausatmen auf fünfzigmal hoch. Beachten Sie dabei zu jeder Zeit die Signale Ihres Körpers. Wenn Sie sich sicher fühlen, besteht zudem die Möglichkeit, den Feueratem mit verschiedenen anderen Übungen zu kombinieren. Beispielsweise können Sie bei der Durchführung der Yogaübung „das Boot" (Navasana) den Feueratem anwenden. Hierfür sollten Sie mit der Durchführung jedoch bereits hinreichend vertraut sein.

Wirkung: Die Feueratmung wirkt aktivierend und anregend. Dabei soll sie nicht nur (neue) Energie spenden, sondern auch für Klarheit im Geist sorgen sowie Körper und Geist entgiften. Damit geht auch die Befreiung von Nasengängen, Nebenhöhlen und dem Stirnbereich einher. Innerhalb kürzester Zeit werden bei dieser Atmung große Mengen an Sauerstoff aufgekommen, dementsprechend hoch ist die Versorgung mit Sauerstoff im Körper. Mit dieser Atemtechnik trainieren Sie außerdem Ihre Atemmuskulatur, wie zum Beispiel das Zwerchfell, und stärken Ihre Bauchmuskeln. Darüber hinaus wirkt Feueratem fettverbrennend und führt dazu, dass Sie Atempausen länger halten können. Neigen Sie zu Erkältungen, chronisch entzündeten Schleimhäuten oder auch (Spannungs-)Kopfschmerzen, ist Kabalabhati eine gute Möglichkeit, hier Abhilfe zu verschaffen.

Bhastrika – die Blasebalg-Atmung

Vorbereitung: Die Technik der Bhastrika-Atmung ähnelt dem Feueratem und zeigt sich mit kraftvoller und aktiver Ausatmung. Die dabei erzeugten Geräusche erinnern an einen Blasebalg, was der Atmung ihren Namen verleiht. Für die Übung begeben Sie sich in eine aufrechte und bequeme Position. Die Wirbelsäule sollte lang gestreckt, gerade und aufgerichtet sein. Ihre Schultern lassen Sie entspannt nach unten sinken. Legen Sie Ihre Hände seitlich auf die Rippen oder auf Ihren Bauch. So können Sie die Atembewegung noch bewusster wahrnehmen.

Ausführung: Sie beginnen mit einer tiefen Einatmung. Die hierauf folgende Ausatmung geschieht langsam, aber fest mit dem Bauch. Diese Ausatmung erfolgt hörbar und ähnelt durch das kraftvolle Ausstoßen der Luft einem Blasebalg. Der Bauch zieht sich bei diesem kraftvollen Stoß nach innen. Atmen Sie im Anschluss daran wieder langsam, aber kräftig ein. Ihr Bauch zeigt dabei eine Wölbung nach außen. Gleichzeitig hebt und weitet sich Ihr Brustkorb. Je nachdem, wo Sie Ihre Hände positioniert haben, können Sie diese Bewegung spüren.

Achten Sie darauf, dass Ein- und Ausatmung in gleicher Länge ausgeübt werden. Versuchen Sie, diese Form der kraftvollen Atmung etwa zwölf- bis sechzehnmal durchzuführen. Hören Sie wiederum auf sich und Ihre Intuition. Sollte es Ihnen mit dieser Technik nicht gut gehen, seien Sie vorsichtig und nehmen Sie sich die Zeit, die Sie brauchen. Auch die Anzahl der Durchführungen können Sie individuell mit Ihrer Erfahrung oder auch Ihrer Tagesform abstimmen. Am Ende halten Sie die Luft kurz an, ohne zwischen zu atmen, und atmen dann im Anschluss aus.

Weiterführung: Bhastrika ist bereits eine Übung für Fortgeschrittene. Tasten Sie sich zunächst langsam voran und manifestieren Sie Ihre Durchführung, bis Sie sich weiterhin steigern. Möglich ist es dann, nach dem festen Ein- und Ausatmen mit dem Bauch von zwölf- bis zwanzigmal und der abschließenden Ausatmung, das linke Nasenloch zu schließen. Atmen Sie nun rechts vollständig ein und wenden Sie Bandhas an. Das bedeutet Verschluss und bezieht sich auf die Lenkung der Energie.

Vor allem durch das Verschließen und Einziehen der unteren Geschlechtsmuskulatur, also beispielsweise des Beckenbodens, schließen Sie die sogenannte untere Schleuse und die während der Übung gesammelte Energie verbleibt im Körper. Dabei wird die Luft angehalten. Nun atmen Sie links aus. Wenn Sie hier noch eine Stufe höher gehen wollen, versuchen Sie sich darin, sehr stark mit Bauch und Brust vollständig und vor allem schnell ein- und wieder auszuatmen. Führen Sie diese Technik zwölf- bis vierzigmal durch. Seien Sie aber auch hier weiterhin vorsichtig, selbst wenn Sie die Grundübung schon gut beherrschen. Achten Sie auf sich und wie Sie sich fühlen und bedenken Sie, dass diese Verfassung auch von Tag zu Tag unterschiedlich sein kann. Neigen Sie zu Innenohrentzündungen oder Lungenproblemen, sollten Sie diese weiterführenden Varianten nicht durchführen. Achten Sie hier zuallererst auf Ihre eigene Gesundheit.

Wirkung: Nicht nur in ihrer Ausführung ist diese Übung kräftig. Sie wirkt auch stark energetisierend. Diese Atmung weckt die Kraft im Körper und entfacht die Lebensenergie. Vielleicht fällt Ihnen auch bei der Durchführung auf, dass diese Übung sehr herausfordernd ist und Ihnen warm wird. Dies ist auch eine gewünschte Wirkung, diese Technik soll einheizen und das Verdauungsfeuer (Agni) entfachen, denn die inneren Bauchorgane werden bei dieser Übung massiert. Bhastrika reinigt und entgiftet. Dies wirkt sich nicht nur auf den Verdauungsapparat aus, sondern auch auf die Nase und die Nebenhöhlen. Ähnlich wie der Feueratem sorgt diese Atmung für Klarheit im Kopf, steigert Ihre Konzentration und befreit von ruhelosen, belastenden Gedanken. Für einen kraftvollen Start in den Tag empfiehlt sich die Durchführung dieser Technik am Morgen.

VERSCHIEDENE TECHNIKEN VERBINDEN

Für einen besonders spürbaren Erfolg und die Verbindung verschiedener Atemtechniken mit ähnlichen Wirkungsweisen bieten sich zusammengestellte Programme an. Vor allem, wenn Sie sich mit den einzelnen Atemtechniken bereits vertraut gemacht haben und wissen, ob es Ihnen mit den Übungen gut geht, eignen sich diese Übungsprogramme gut für Sie. Natürlich können Sie sich auch ganz individuell Ihr eigenes Programm zusammenstellen, bei dem Sie wissen, dass es Ihnen guttut und dass Sie sich damit wohlfühlen.

Die allgemeine Steigerung des Energielevels
Diese Übungsreihe beschert Ihnen Entspannung, erhöht Ihre Lungenkapazität, wirkt präventiv in Bezug auf Heuschnupfen und Erkältungen und befreit Ihren Geist. Für eine gute, spürbare Wirkung versuchen Sie, diese Reihe in Ihr tägliches Leben zu integrieren und sie täglich auszuüben.

Das Programm beginnt mit drei Runden Feueratem (Kapalabhati) und schließt daran zwanzig Runden Wechselatmung (Anuloma Viloma) an, jedoch ohne Bandhas. Also halten Sie die Luft hierbei nicht ein und verschließen Sie nicht die Muskulatur, wie beispielsweise die Beckenbodenmuskulatur. Konzentrieren Sie sich ganz auf die Wechselatmung und ihren Rhythmus. Wenn Sie sich gut fühlen, können Sie im Anschluss weitere fünf bis zehn Runden Summen (Brahmari) durchführen. Auch diese Runden funktionieren ohne Bandhas oder Lufteinhalten.

Diese Übungsreihe eignet sich für jeden. Wenn Sie sich unsicher sind mit den Techniken, üben Sie ruhig einzeln weiter, bis Sie sich sicher fühlen. Lesen Sie bei Bedarf noch mal nach, worauf Sie bei der Durchführung achten sollten. Wenn es Ihnen mit den Übungen nicht gut geht, versuchen Sie sich darin, weiter zu üben, um Fehler auszuschließen, oder tasten Sie sich langsam heran. Wenn es Ihnen weiterhin damit nicht gut geht, wählen Sie andere Übungen. Denken Sie daran, nicht zu streng mit sich selbst zu sein. Schauen Sie wohlwollend auf sich, aber achten Sie ruhig genau auf die Art, wie Sie die Übungen durchführen, um mögliche Fehler zu vermeiden.

Die Reinigung der Energieleitbahnen (Nadis)
Diese Übungsfolge eignet sich besonders, wenn der Kopf schwirrt und Sie Ihre Konzentration erhöhen wollen. Auch hier tritt die spürbare Wirkung am ehesten ein, wenn Sie sich in der täglichen Ausführung üben und die Techniken zu einem festen Bestandteil Ihres Lebens machen.

Sie beginnen mit drei bis fünf Runden Feueratem (Kapalabhati) und schließen daran zwanzig Minuten Wechselatmung (Anuloma Viloma) an. Führen Sie diese mit Atempausen durch. Zwanzig Minuten mögen Ihnen zunächst viel vorkommen. Steigern Sie sich langsam, denken Sie aber auch daran, sich die Zeit für sich zu nehmen. Nach der Wechselatmung können Sie, wenn Sie sich danach fühlen, fünf bis zehn Runden Summen (Brahmari) anschließen. Auch hier können Sie das Einhalten der Luft mit integrieren. Zum Abschluss führen Sie für ein bis zwei Runden Blasebalg-Atmung (Bhastrika) durch.

Die Folge dieser Übungen hat eine höhere Intensität als die vorherige Übungsreihe. Trauen Sie sich jedoch, auch hier zunächst zu probieren. Wenn es Ihnen doch noch zu viel erscheint, gehen Sie wieder eine Stufe zurück. Vielleicht tut es

Ihnen jedoch auch sehr gut. Auch die Länge dieser Reihe sollte Sie nicht abschrecken. Denken Sie an das, was Sie bereits gelernt haben, und nehmen Sie sich die Zeit, um auch bei großem Stress den Durchblick und Ihre Lebensenergie zu behalten.

Die Erhöhung der Lebensenergie (Prana)

Diese Übungsreihe erweitert Ihr Bewusstsein und erweckt Ihre Lebensenergie. Auch hier gilt es, die Übungen für eine optimale Wirkung in Ihr Leben und in Ihren Alltag zu integrieren.

Sie beginnen auch hier mit drei bis fünf Runden Feueratem (Kapalabhati). Danach üben Sie mit zwanzig bis vierzig Runden Wechselatmung weiter. Integrieren Sie in diesen Ablauf auch das Einhalten der Luft, wenn es Ihnen guttut. Daran anschließend führen Sie fünf bis fünfzehn Runden Kehlatmung (Ujjayi) durch. Denken Sie daran, dass es nicht auf die Masse ankommt. Sie müssen nicht die Höchstzahl an Runden schaffen. Seien Sie empfänglich für die Signale Ihres Körpers. Die nächsten fünf bis fünfzehn Runden widmen Sie der Sonnenatmung (Surya Bheda), um dann mit drei bis fünf Runden Blasebalg-Atmung (Bhastrika) abzuschließen.

Dieses Programm ist für Fortgeschrittene und kann bei Bedarf auch zweimal, nämlich morgens und abends, durchgeführt werden. Auch hier gilt, dass Sie sich ruhig trauen dürfen, wenn Ihnen danach ist, diese Übungsreihe auszuüben und zu probieren. Bleiben Sie aber dabei, auf sich und Ihre Empfindungen zu hören.

SCHNELLE HILFE IM ALLTAG

Pranayama sollte ins tägliche Leben integriert werden und kann Ihnen in so mancher Situation eine große Stütze sein. Ob es das Vorstellungsgespräch ist, ein Auftritt, das unangenehme Gespräch mit einem (lieben) Menschen, das Referat und so weiter: Das tägliche Leben ist voll mit Situationen, die uns unangenehm sein können, aber auch Stress und Angst verursachen. Diese gilt es zu bezwingen und die Atmung ist hierfür ein hilfreicher Baustein. Doch selten gelingt es im Bus oder Büro, in der Schule oder am Esstisch, in die richtige Stimmung zu kommen, um beispielsweise einem wirren Kopf und Energielosigkeit mit einer richtigen Portion Feueratem zu begegnen. Das bedeutet jedoch nicht, dass es keine unauffälligeren

Methoden gibt, dem Alltagsstress auch unterwegs entgegenzuwirken. Es ist von großer Bedeutung, dass Stress und Angst erst gar nicht die Möglichkeit bekommen, sich in Ihnen anzusammeln.

Bauchatmung (Zwerchfellatmung)

Sobald Sie merken, dass Ihnen sprichwörtlich die Luft fehlt, gehen Sie in sich. Denken Sie daran, dass immer genug Zeit ist, um sich wenigstens kurz auf die Atmung zu konzentrieren. Atmen Sie nun tief ein, sodass sich Ihr Bauch nach vorn wölbt. Beim Ausatmen ziehen Sie den Bauch ein. Achten Sie darauf, dass Ein- und Ausatmung in gleicher Länge erfolgen. Diese Übung dauert unter Umständen nur drei bis vier Sekunden. Wenn Sie sich die Zeit für ein paar mehr Atemzüge nach diesem Muster nehmen, werden Sie merken, dass sie immer tiefer werden und Ihr Geist immer ruhiger wird. Diese Übung ist sehr unauffällig. Sie können Sie im Stehen, wenn Sie warten, oder am Schreibtisch sitzend jederzeit durchführen.

Vollständige Yoga-Atmung

Bei körperlicher Betätigung, die Sie als anstrengend empfinden, oder auch immer dann, wenn Sie das Bedürfnis nach mehr Sauerstoff haben, eignet sich diese Technik, die Sie im Stehen oder Sitzen auch gut zwischendurch integrieren können. Beim Einatmen wölbt sich zunächst Ihr Bauch hinaus, gefolgt vom Brustkorb, der sich ausdehnt. Das Ausatmen kehrt diesen Prozess um. Zunächst senkt sich der Brustkorb wieder, bevor der Bauch eingezogen wird. Die Vorgänge können Sie sich wie folgt vorstellen: bei dieser vollständigen Atmung strömt die Luft mit dem tiefen Einatmen bis in den Bauchraum hinein, füllt diesen in Gänze aus und breitet sich nun auch in den Brustraum aus, bis der ganze Körper mit Luft gefüllt erscheint. Diese wird beim Ausatmen wieder entlassen und strömt zunächst aus dem Brustkorb und schließlich auch aus dem Bauchraum wieder nach außen. Diese Bewegung sollte fließen. Probieren Sie, sich ganz auf Ihre Atmung und den Rhythmus zu konzentrieren. So erlangen Sie gleichzeitig die Kontrolle über sie. Dabei sollte die Ausatmung doppelt so lange andauern wie die Einatmung.

Aufladeübung

Diese Übung können Sie im Stehen, Sitzen oder Liegen ausführen. Da Sie hier auch mit einer

Visualisierung vor Ihrem inneren Auge arbeiten, empfiehlt es sich, dass Sie sich für diese kurze Zeit einen Ort suchen, an dem Sie unbeobachtet sein können. Vielleicht sind Sie allein in der Teeküche, sitzen unbeobachtet im Bus oder können sich auf die Toilette begeben. Atmen Sie nun für etwa drei bis vier Sekunden ein, wobei der Bauch sich nach außen wölbt, und visualisieren Sie dabei Energie, Licht und Wärme, die Sie in den Bauch schicken. Beim gleich langen Ausatmen ziehen Sie den Bauch ein und schicken diese Energie dorthin, wo sie in Ihrem Körper benötigt wird. Diese Übung können Sie so oft wiederholen, wie es Ihnen gut-tut, und wie Sie es brauchen. Mit der Zeit gelingt Ihnen die Visualisierung der Energie vielleicht schon besser, sodass Sie sich nicht mehr zurück-ziehen müssen.

Entspannendes Pranayama

Auch hier können Sie wählen, ob Sie sitzen, stehen oder liegen wollen. Vielleicht bestimmt auch die Situation, in der Sie sich befinden, in welcher Stel-lung Sie die Übung ausführen. Nehmen Sie sich die Zeit, sich kurz auf die Atmung zu konzentrie-ren, und zählen Sie. Atmen Sie für vier Sekunden ein, halten Sie die Luft ebenso vier Sekunden und atmen Sie nun für die Dauer von acht Sekunden vollständig aus. Ihre Lunge sollte nun luftleer sein. Bevor Sie wieder einatmen, halten Sie die Luft mit dieser leeren Lunge für vier Sekunden an und beginnen dann die Übung von vorn. Besonders das Zählen kann hier helfen, nicht nur sich selbst zu beruhigen, sondern auch zu mehr Ruhe und Klarheit Ihrer Gedanken verhelfen.

Gehendes Pranayama

Sogar, wenn Sie zu Fuß unterwegs sind, können Sie Pranayama-Techniken einsetzen. Versuchen Sie, die tiefe Bauchatmung mit den Schritten, die Sie gehen, in Einklang zu bringen. Sie haben hier die Möglichkeit, die gleiche Anzahl an Schritten ein- und auch wieder auszuatmen, oder Sie atmen doppelt so lange aus wie ein. Auch hier kontrollieren Sie Ihre Konzentration und richten sie auf Ihre Bewegung, die Atmung und das Zählen. Indem Sie dies ausüben, kann Ihr Geist wieder zur Ruhe finden und Sie können klare Gedanken fassen.

Einatmen und loslegen

Mittlerweile sind Stress und damit verbunden Schlaflosigkeit, innere Unruhe und Ängste schon fast normal und allgegenwärtig. Dem täglichen Karussell aus Anforderungen und Aufgaben zu entfliehen, ist selten möglich und oftmals vielleicht auch nicht in Gänze gewünscht. Aber Sie haben die Möglichkeit, diesen Anforderungen anders zu begegnen. Auch, wenn Ihr Leben so manches Mal wie fremdgesteuert scheint, Sie haben es in der Hand!

Indem Sie sich für dieses Buch entschieden haben, haben Sie schon den ersten Schritt in die richtige Richtung gemacht, denn Sie haben erkannt, dass Sie etwas ändern wollen. Sie wollen zurück zu einem bewussteren und erfüllteren Leben und das steht Ihnen zu.

Pranayama Yoga bietet Ihnen die Möglichkeit, sich zu sortieren, Ihnen zu mehr Klarheit zu verhelfen und den Einklang zwischen Körper und Geist wiederherzustellen. Zögern Sie nicht, sondern beginnen Sie mit den Übungen und heißen Sie die positiven Veränderungen, die sich durch die Atemkontrolle in Ihrem Leben einstellen, willkommen. Ob Sie vorerst mit einer kleinen Übung anfangen, gleich eine ganze Übungsreihe ausprobieren oder zunächst die Tipps für akute Alltagssituationen beherzigen und in Ihrem Leben aufnehmen, alles ist erlaubt.

Bauen Sie einen wohlwollenden, sensiblen Kontakt zu sich selbst, Ihrer Intuition und Ihren Empfindungen auf. Erlauben Sie sich zu spüren, welche Übungen Ihnen guttun und welche nicht. Seien Sie auch offen dafür, Übungen immer wieder zu versuchen. Sie können sich ganz sicher sein, dass noch kein Meister vom Himmel gefallen ist. Mit jeder Übung werden Sie immer besser werden. Mit jeder Übung werden Sie die Verwandlung mehr spüren. Sie haben es verdient, sich Zeit für sich selbst zu nehmen. Vielleicht beginnen Sie mit wenigen Minuten, vielleicht wollen Sie schon am Anfang mehr machen. Es ist alles möglich, außer, dass Sie sich unter Druck setzen. Pranayama ist keine weitere, zu erfüllende Tätigkeit auf Ihrer langen Liste. Pranayama ist die Energie, die Ihnen hilft, diese Liste mit Freude und Klarheit zu bearbeiten.

Schenken Sie Ihrem Atem die Aufmerksamkeit, die auch er verdient. Er hält Sie am Leben! Und zur selben Zeit sagt er Ihnen auch viel darüber, wie es Ihrem Geist geht. Beginnen Sie damit, ihn zu spüren und kennenzulernen und stellen Sie die Verbindung zwischen Ihrer Physis und Ihrer Psyche wieder her. Sie sind genau richtig so, wie Sie sind! Lernen Sie sich als diesen einzigartigen, großartigen Menschen kennen und verstehen und unterstützen Sie sich selbst in Ihrem Wohlbefinden durch die bewusste Atmung.

Atmen Sie tief durch und werden Sie zum Meister über Ihre Atmung, zum Meister über Ihr Leben!

Herstellung und Verlag:

BoD – Books on Demand, Norderstedt

ISBN: 9783756217960

1. Auflage

Kontakt: Psiana eCom UG/ Berumer Str. 44/ 26844 Jemgum

Covergestaltung: Fenna Larsson

Coverfoto: depositphotos.com